DEUX MOTS

SUR UNE NOTE

DE M. V. SCHOELCHER.

Par C. A. Bissette.

> « Ce ne sont pas ceux qui savent qui
> « font le mal, parcequ'ils savent ; ce ne
> « sont pas ceux qui ne savent pas, s'ils
> « n'agissent pas ; mais ce sont ceux qui
> « ne savent pas, qui croient savoir et
> « qui agissent. »
>
> (SOCRATE.)

PARIS,

EBRARD, LIBRAIRE, PASSAGE DES PANORAMAS, 61.

—

1843

PARIS, IMPRIMERIE DE POUSSIELGUE,
rue du Croissant, 12.

DEUX MOTS

SUR UNE NOTE DE M. V. SCHŒLCHER.

A propos de l'abolition de l'esclavage, M. V. Schœlcher a publié trois gros volumes in-8°.

Le premier volume, intitulé : *Des Colonies françaises*, est mauvais, littéralement parlant. J'ai réfuté ce volume.

Le second volume, *sur Haïti*, est également mauvais. Je le réfuterai. Je ne me presse pas, car je ne veux rien laisser à répliquer à l'auteur.

Le troisième volume, *sur les Colonies étrangères*, je ne l'ai pas lu. Je ne le lirai peut-être pas, car je ne le suppose ni mieux écrit, ni plus amusant, ni plus instructif que les deux autres.

Dans ma réfutation du premier volume, je me suis borné aux faits, en citant textuellement les passages que je réfutais. J'ai signalé à mes compatriotes noirs et mulâtres le danger pour eux de ce mauvais livre, écrit cependant par un abolitioniste se disant ami de leur cause. J'ai reçu, avec l'approbation de mes compatriotes, l'approbation d'abolitionistes, hommes honorables, haut placés, dont l'opinion fait autorité en France. — C'est plus qu'il n'en faut pour me dédommager du mécontentement de quelques amis de M. Schœlcher, qui n'entendent, non plus que lui, rien à la question des colonies, et de quelques autres personnages plus ou moins intéressés, dont la susceptibilité ne voit dans ma réfutation que le caractère de l'auteur et son amour propre, qu'ils prétendent que j'ai blessé. — Ces personnages se croient solidaires des écrits publiés par un tel abolitioniste. Ils croient avec raison qu'ils seraient traités de la même manière si jamais ils se permettaient les écarts que s'est permis M. Schœlcher. En cela ils ne se trompent pas, car nous ne souffrirons jamais de personne qu'on dise que TOUTES *les femmes de couleur, aux colonies, sont des prostituées*, comme l'a publié M. Schœlcher *l'abolitioniste*.

Selon nous, le titre de défenseur des noirs et des mulâtres, d'ami de leur cause, n'excuse pas les outrages qu'on se croit en droit de leur adresser. Il ne faut pas rabaisser, déconsidérer les noirs et les mulâtres aux yeux de tous, et chercher en même temps, pour satisfaire un vain amour de popularité, à se donner comme les *patrons* ou les *sauveurs*, qui les relèvent dans l'opinion, et veulent les moraliser, les affranchir; car ce serait jouer le rôle de ces médecins dont on voit les noms placardés sur tous les murs; charlatans qui promettent de guérir, mais empirent le mal de ceux qui ont foi en leurs affiches.

Une note signée de M. V. Schœlcher a paru dans *le National* du 16 septembre. — C'est une espèce de réponse à ma réfutation. — L'auteur s'est abstenu de discuter les faits. — Je le défie de les discuter. Je le défie de prouver que les erreurs signalées dans son livre n'existent pas. — Il s'est borné à déclarer *calomnieuse, compromettant son caractère d'abolitioniste, et radicalement contraire à la vérité,* une assertion seulement de ma brochure.

A cette note j'ai répondu par une lettre adressée au *National,* pensant que ma réponse trouverait auprès de ce journal radical, ami de la justice, le même accueil que la note de M. Schœlcher. — Il n'en a pas été ainsi. — D'abord on a communiqué ma lettre à M. Schœlcher, ce dont je ne me plains pas, au contraire, puis on en a refusé l'insertion. Au résumé, « C'est l'avis du comité de rédaction, » m'a-t-on dit — Cet avis peut être très national : M. Schœlcher est un Français d'Europe, je ne suis qu'un proscrit d'outre-mer, Français mulâtre descendant d'Africain, comme on dit avec raison; mais ce n'est pas un acte de justice. — Je respecte néanmoins les scrupules de ce comité, sans partager son avis, car je n'y vois pas de l'équité. Et, pour montrer au public que ce n'est pas moi qui refuse le combat, qui recule devant la publicité qu'on a provoquée, je reproduis ici, à mes frais, la note de M. Schœlcher que *le National* a accueillie, et je publie ma réponse, que ce journal, dans sa justice, a cru devoir refuser d'insérer dans ses colonnes.

Voici d'abord la note de M. Schœlcher :

« Paris, 17 septembre 1843.

« *A Monsieur le Rédacteur du* National.

« MONSIEUR,

« Quand je publiai, il y a dix-huit mois, mon livre sur les colonies françaises, vous voulûtes bien en parler favorablement ; j'invoque ce souvenir pour vous prier de donner place à la note suivante :

« Pendant une absence que je viens de faire, il a paru une brochure intitulée : *Réfutation du livre de M. Schœlcher,* où *entre autres imputations dénuées de sens,* je suis assimilé aux agens gagés des colons. On peut juger par cela seul de ce que vaut ce factum. *Je me crois donc dispensé d'y répondre ;* toutefois je me trouve dans *l'absolue nécessité de relever une assertion qui d'abord est calomnieuse, et ensuite compromet mon caractère d'abolitioniste.*

« L'auteur de la brochure dit : « M. Perrinelle, créole de la « Martinique, qui était passager sur le même navire que « M. Schœlcher, le convertit. Il le menaça de lui fermer sa « porte et toutes celles des colons s'il fréquentait un seul « mulâtre. M. Schœlcher obéit à l'insolente injonction de « M. Perrinelle. Parti de France avec des lettres de recom« mandation de la part de quelques hommes de couleur, il s'est « abstenu de faire visite aux mulâtres à qui s'adressaient ces « lettres. Il les a envoyées par son domestique »

« *Tout ici est absolument et radicalement contraire à la vérité.* — On ne m'a pas fait d'injonction, je n'en souffre de personne ; je dirai même que personne n'oserait m'en faire.— *Quant à M. Perrinelle, ceux qui le connaissent le savent trop galant homme pour tenir jamais le grossier langage qu'on lui prête.* — *Je n'ai pas envoyé une seule lettre de recommandation.* — J'ai vu aux Antilles beaucoup de mulâtres, et mieux encore, j'ai pris place à la table de ceux qui ont bien voulu m'inviter.

« Permettez-moi, Monsieur, d'ajouter un mot. L'écrit qui motive cette note me présente comme un ennemi de la classe de couleur : je ne veux point accepter cet indigne rôle, aussi loin de mon cœur que de mon esprit.

« Les esclaves et les mulâtres se confondent dans ma pensée, liés par une commune origine, victimes des mêmes préjugés et des mêmes barbaries; un sentiment également fraternel m'anime à l'égard des uns comme des autres; et, quand j'ai parlé de leurs fautes, de leurs vices, je l'ai fait en montrant que fautes et vices tiennent au funeste milieu social où ils se trouvent, et non à leur individualité.

« Au reste, les mulâtres de bonne foi ont bien compris, à la nature de mes attaques, qu'elles étaient *encore de la sympathie*. Depuis, comme avant la publication de mon livre, la plupart de ceux qui sont à Paris me font l'honneur de venir me voir. J'ai reçu de plusieurs sangs-mêlés des Antilles des lettres fort honorables; enfin, un des journaux d'Haïti, *le Patriote*, exclusivement rédigé par des mulâtres, a consacré à cet ouvrage trois articles plus élogieux que je n'ose croire le mériter, et n'y a rien vu des criminelles pensées que mon prétendu réfutateur y découvre si tardivement.

« Veuillez agréer, etc.

« V. SCHOELCHER. »

« Maintenant voici la réponse à cette note, telle que nous l'avions adressée *au National;* nous ne changerons rien à la rédaction.

« Paris, ce 17 septembre 1843.

« *A M. le Rédacteur du* National.

« MONSIEUR,

« Vous avez publié une note de M. V. Schœlcher, en réponse à la réfutation que j'ai faite de son livre intitulé : *Des Colonies françaises.*

« Dès l'abord, M. Schœlcher prétend relever une assertion calomnieuse qui, dit-il, compromet son caractère d'abolitioniste. Je viens vous prier, Monsieur, et vous ne sauriez vous en dispenser, d'accueillir ces quelques explications.

« En effet, j'ai réfuté en détail, sur faits et articles, tout le livre de M. Schœlcher. J'ai prouvé que l'auteur de ce livre a écrit des choses qui n'existent pas et qui n'ont jamais existé aux Colonies; qu'il a parlé des faits sans les connaître; qu'il a commis de nombreuses erreurs en faisant des substitutions de lieux et de temps; qu'il a calomnié toutes les femmes de couleur en parlant de leur situation; qu'il a été enfin joué et pris pour dupe par ses hôtes colons.

« M. Schœlcher ne veut pas se donner la peine de discuter ces assertions; il se contente de dire : « *Elles sont dénuées de sens, elles sont calomnieuses.* » — On peut en juger par les faits suivants :

« J'ai écrit que, dans la traversée de France aux Antilles, lorsque M. Schœlcher annonça à bord du navire qui le transportait à la Martinique, lui et M. Perrinelle, créole de cette île, celui-ci monta sur la dunette du navire et dit à M. Schœlcher : « M. l'abolitioniste, je vous ferme la porte de mon habitation si vous fréquentez un seul nègre, un seul mulâtre dans la colonie. Si au contraire vous suivez mes conseils, ma maison est à votre service, et avec ma maison, celle de tous les colons.»
— Puis j'ajoutai : « Le négrophile céda, il obéit à l'insolente injonction de M. Perrinelle, s'abstint de faire visite aux mulâtres auprès desquels il était recommandé; leur envoya par son domestique les lettres d'introduction dont il était porteur en partant de Paris. »

« Je maintiens ces faits, parcequ'ils sont de notoriété publique à la Martinique; qu'ils m'ont été racontés par des hommes dignes de foi, et notamment par M. Remy Mondésir, jeune médecin, que M. Schœlcher a connu à Paris, et qui a blâmé devant lui les passages injurieux de son livre. J'ai de plus à l'appui de ces témoignages, le témoignage de M. Schœlcher lui-même, qui me confirma ces faits à son arrivée à Paris, avant qu'il ne publiât son mauvais livre Il m'en souvient, Dieu merci, et je vais rappeler les propres paroles de M. Schœlcher, s'excusant de reproches qu'on lui adressait :

« Dans la traversée, M. Perrinelle m'offrit de loger chez lui,
« il me dit : Monsieur, si vous voyez un seul mulâtre, ma porte
« vous sera fermée et avec ma porte ce le de tous les colons; si
« au contraire vous vous abstenez de fréquenter ces gens-là,
« nous vous ouvrons les portes de toutes nos habitations. »—
« A de telles conditions, j'ai repoussé l'offre de M. Perrinelle.
« Mais, arrivé au terme de notre voyage, avant de quitter le
« bord, M. Perrinelle ayant réitéré ses offres, j'ai cru devoir
« les accepter. Que vouliez-vous que je fisse? Les mulâtres
« sont tous pauvres, ils ne possèdent que de petites habitations,
« je n'aurais pu me loger que fort mal chez eux, et ensuite
« je n'aurais pu faire mon livre. J'ai accepté. »

« Comme vous voyez, Monsieur, il n'y a dans cette version, que j'affirme vraie, la tenant de M. Schœlcher lui-même, qu'une légère différence avec le passage cité de ma brochure. Le fond de la question est exactement le même; il n'y a que le détail accessoire qui diffère. J'ai peut-être eu tort de faire monter M. Périnelle sur la dunette du navire pour parler à M. Schœlcher; j'aurais dû peut-être placer M. Schœlcher sur une *calloge* (1) et M. Périnelle sur l'habitacle, au moment de cette conversation, car ce sont à peu près les seuls meubles qu'on trouve sur le pont d'un navire. A part ces futiles détails, qu'y a-t-il donc dans le fond de cette version de radicalement contraire à la vérité?

« Quant aux lettres d'introduction auprès des hommes de couleur, M. Schœlcher répond : — « *Je n'ai pas envoyé une seule lettre de recommandation.* » — Cette réponse est ambiguë, car M. Schœlcher s'abstient de dire s'il les a toutes remises, lui-même à leurs adresses, ou ce qu'il en a fait. — Eh bien, j'affirme qu'il ne les a pas toutes remises, qu'il ne les a pas toutes envoyées; et je demande la permission à M. Schœlcher de ne pas dire publiquement le motif qu'il allégua pour s'excuser de ce procédé. Mais je trouve très peu loyal à M. Schœlcher, qui se dispense de répondre à mes nombreuses assertions, de choisir précisément pour répondre, le seul fait sur lequel il sait très bien que je ne puis m'expliquer sans blesser les convenances.

« Dans ma réfutation de son livre, je ne me suis point fait juge des intentions bonnes ou mauvaises de M. Schœlcher. J'ai cité textuellement les passages que j'ai réfutés. Je me suis arrêté aux expressions outrageantes, flétrissantes, employées par cet écrivain pour peindre les mœurs de *toutes* les femmes de couleur. J'ai trouvé ces expressions diffamantes, calomnieuses; je maintiens ce que j'ai dit parceque ces expressions ont été écrites avec la réflexion du cabinet. *Verba volant, scripta manent.* Ces expressions ont été méditées, revues et corrigées, itérativement reproduites dans plus d'une page du livre que j'ai réfuté. Je maintiens donc encore une fois mon appréciation sur ce livre, quelles que soient les intentions de son auteur. Je ne veux pas, par respect pour les femmes de

(1) Poulailler. Cage à poules.

couleur, répéter dans un journal quotidien, les paroles outrageantes que leur a adressées M. Schœlcher, lorsqu'au surplus il semble les retirer, les rétracter aujourd'hui. Mais s'il est vrai, comme l'affirme M. Schœlcher, que des mulâtres de bonne foi, soit à Paris, soit aux Colonies, l'aient visité, lui aient adressé des lettres fort honorables pour le féliciter, depuis comme avant la publication de son livre, je n'ai qu'une seule chose à répondre à cela ; c'est qu'ils n'avaient nulle connaissance des inqualifiables attaques de M. Schœlcher, contre TOUTES les femmes de couleur ; c'est qu'ils n'avaient pas lu son livre ; et je défie aucun d'eux aujourd'hui de lui donner publiquement le bill d'indemnité qu'il prétend avoir reçu d'eux.

« Un dernier mot mettra le public à même de juger qui, de M. Schœlcher ou de moi, a publié des assertions dénuées de sens.

« A l'occasion de la fameuse affaire de 1824, à la Martinique, M. Schœlcher trouve que les Colons, ses hôtes, ont fait *preuve de bonté* à l'égard des hommes de couleur, alors qu'il y a eu condamnation aux galères à perpétuité et déportation en masse sans jugement. — C'est une opinion comme une autre : c'est celle de M. Schœlcher, je ne la discute pas. — Il conclut de cette *bonté* atroce, que « *l'émancipation ne sera pas si difficile* « *qu'on le croit. Les Colons ont la fibre fine*, dit-il » — C'est à dire qu'ils ont condamné les mulâtres aux galères pour pouvoir affranchir leurs esclaves. — J'avoue que je n'ai pas été maître de moi, à la lecture de ce passage. Je n'ai pu me défendre d'un mouvement d'indignation bien légitime. Je me suis rappelé que, dans cette affaire de 1824, je fus condamné, moi aussi, aux galères à perpétuité, pour *avoir lu et fait lire à mes amis* une brochure politique ; que l'arrêt de condamnation fut exécuté à la Martinique, malgré un pourvoi en cassation. Je me suis demandé ce que M. Schœlcher voyait *de bonté* dans le fait de condamner aux galères et à la marque des mulâtres qui lisent des brochures. —C'est, on l'avouera, une étrange manière de leur prouver sa sympathie. — Enfin je me suis rappelé que ce M. Perrinelle qui, selon M. Schœlcher, *est trop galant homme pour tenir jamais le grossier langage* de lui fermer sa porte s'il fréquente des mulâtres, siégeait avec son père parmi les bourreaux qui nous condamnèrent aux galères à perpétuité et à la marque. Je n'ai pu m'empêcher encore de différer d'opinion avec M. Schœlcher sur cette affaire, et voilà sans doute pourquoi mes assertions sont dénuées de sens.

« Agréez, Monsieur, etc.

« BISSETTE. »

Cette réponse, comme je l'ai dit, n'a pas été accueillie par le *National*. Et cependant M. Schœlcher a fait savoir par la voie de ce journal que M. Perrinelle, qui, en 1824, condamna aux galères des mulâtres pour avoir lu une brochure, est un galant homme. — Ce fait aurait-il été caché au *National* pour l'amener, contre ses opinions radicales, à faire le public éloge de ce jugeur de 1824 ? — Dans tous les cas, celui qui a été le commensal de la maison Perrinelle, peut il venir parler de sa sympathie pour les mulâtres ? — Expliquera qui pourra cette sympathie pour les victimes en même temps que pour les oppresseurs. Quant à moi, je n'y comprends rien. On pourra peut-être bien répondre comme dans la comédie de Molière :

Il est avec le ciel des accommodements.

Mais lorsque les noirs et les mulâtres liront les livres publiés par M. le docteur Madden, dévoué et sincère ami de leur cause, ils y trouveront des paroles qui font la critique de la mission abolitioniste de M. Schœlcher ; des paroles que je répète ici à dessein, parcequ'elles tracent le devoir de tout abolitioniste. On sait que le docteur Madden a visité les Colonies en véritable philantrope, en véritable négrophile. Ecoutons-le dans un de ses livres :

« J'ai vécu une année entière à la Havane, avant de pouvoir « *m'affranchir* tout à fait de *l'influence* des marchands-plan- « teurs, me *former une opinion personnelle*, et me fie à mes « propres sens pour apprécier la condition des esclaves. *Ce* « *n'est point comme ami des maîtres*, VOYANT PAR LEURS YEUX, « *pensant comme ils pensaient et croyant tout ce qu'ils ont* « *grand soin de nous dire chaque après-dinée*, de la félicité des « esclaves, que je visitais les habitations ; mais ce n'est que « quand je voyageai seul, *sans être annoncé*, que les atrocités « de l'esclavage terrifièrent mes regards. »

Voilà la conduite qu'aurait dû tenir M. Schœlcher, et il ne se serait pas exposé à voir par les yeux de ses hôtes, à penser et à croire tout ce qu'ils ont eu grand soin de lui dire, soit avant, soit après dîner.

M. Schœlcher m'adresse le reproche d'avoir, moi seul, trouvé de criminelles pensées dans son livre.

Oui, j'ai dit que M. Schœlcher avait fait provision, aux Colonies, de tous les stupides propos, de toutes les billevesées, de toutes les mauvaises plaisanteries de ses hôtes, et qu'il était accouru tout chaud en France les débiter dans son livre ; donnant pour vraies et pour choses sérieuses, des calomnies qu'il avait recueillies sans prendre garde à ce qu'il pouvait y avoir de blessant pour l'honneur et la considération de toute la classe de couleur.

Eh bien ! il est arrivé que M. Schœlcher a accusé un officier d'artillerie, mulâtre, d'avoir tenu une conduite pusillanime, indigne de son caractère. Il a écrit, *page* 204 *de son livre :* « que « cet officier, ayant été envoyé à la Martinique, demanda vite à « permuter, ne pouvant tolérer la situation gênante que lui « faisait la couleur de sa peau. Et quoique sa position fût ma- « gnifique, *il recula devant quelques déboires passagers.* »

Or, il s'est trouvé qu'il n'y avait rien de vrai dans toute cette histoire. J'ai déclaré cette assertion de l'auteur une pure invention faite à plaisir Et M. Perrinon est venu lui-même donner un démenti à la fable imaginée sur son compte. Transcrivons ici quelques passages de sa réponse à M. Schœlcher :

« Dans votre ouvrage intitulé *Colonies françaises,* vous avez « commis une erreur involontaire qui pourtant imprimerait une « tache ineffaçable à mon caractère et à mon honneur si j'ac- « ceptais sans mot dire l'exemple que vous citez. — Vous « jugerez, monsieur, par ce qui va suivre, de la justesse de vos « aperçus sur la classe de couleur à laquelle je m'honore d'ap- « partenir, et vous regretterez peut-être, mais trop tard, d'avoir « abandonné votre plume d'abolitioniste à des *inspirations enne-* « *mies,* et de nous avoir *tous, hommes* et *femmes, flétris* par « quelque stigmate déshonorant. La classe de couleur a droit à « plus d'égard que vous ne lui en avez montré, et dans ce « bazar où les blancs, comme vous le prétendez, vont chercher « leurs maîtresses, vous eussiez trouvé, en consentant à le « parcourir, des épouses dont la vertu et le discernement pour- « raient bien servir d'exemple à bien d'autres dont la prostitu- « tion vous a été soigneusement cachée et qui n'ont point la « misère pour excuse. Mais revenons au sujet de ma lettre, car

« je n'ai pas pour mission de redresser les appréciations peu
« bienveillantes et peu justes que renferme une grande partie de
« votre livre, je ne dois ici que me justifier des reproches qui
« s'adressent à moi, etc., etc. » — M. Pérrinon termine par
dire qu'il n'a jamais *reculé devant des déboires passagers ;*
qu'il n'a pas lâchement *abandonné un poste d'honneur* pour une
position gênante, et qu'il n'est pas un seul mulâtre qui n'eût
désabusé M. Schœlcher, s'il lui eut communiqué la page de
son livre, que lui, M. Perrinon, repousse comme injurieuse et
flétrissante.

M. Schœlcher a publié cette réclamation de M. Perrinon,
dans l'endroit le moins apparent de son volume sur Haïti ; il
l'a placée entre la table analytique et la table des matières ;
précédant le catalogue des publications de son éditeur ; mais ce
n'est pas tout. M. Schœlcher y a ajouté ses réflexions et sa
réfutation : « Qu'il me soit permis, dit-il, d'ajouter deux mots
« pour me défendre des dispositions hostiles que me suppose
« M. Perrinon à l'égard de sa caste. Peut-être ne m'aurait-il
« pas fait un semblable reproche et aurait-il remarqué que j'ai
« dit le bien à côté du mal, s'il avait *pu lire* mon livre *avec*
« *moins de passion.* — Nous sommes tous de même, nègres.
« mulâtres ou blancs, *nous n'aimons pas la vérité trop nue.*
« Il faut cependant avoir le courage de la dire, car elle est
« utile. »

C'est le cas de dire que l'excuse est pire que l'offense. —
Mais c'est ainsi que M Schœlcher revient sur les témérités
qu'il hasarde sur *ses protégés*, et sur ce qu'il appelle la *faction*
jaune, dont il veut être à tout prix, lui aussi, le *patron.* —
On pourrait traduire l'excuse de M. Schœlcher à M. Perrinon
par cette phrase : « Vous prétendez que je vous ai insulté ; moi
« je déclare que non, car telle n'était pas mon intention ; au
« reste, prenez-le comme vous voudrez. »

Ainsi donc, M. Schœlcher, qui n'aime pas plus que les nègres
et les mulâtres la vérité trop nue, mais qui a de plus le courage de la dire, car elle est utile. ne veut pas qu'on la lui dise
à son tour. Il lui sera permis d'écrire que TOUTES *les femmes*
de couleur sont des prostituées ! Il ne faudra pas lui répondre
et déranger le plan de son livre. — En parlant d'un officier
mulâtre, il pourra dire que cet officier *a reculé devant des dé-*
boires passagers, lorsqu'aucun fait ne justifie cette assertion.
—Et il ne sera pas permis à un mulâtre, qui a aussi son franc

parler, de dire de **M.** Schœlcher qu'il a été converti par **M.** Perrinelle, — lequel fut son parrain au tropique et son amphytrion dans la colonie ; — qu'il a cédé et obéi à l'insolente injonction de ce colon, — connu du reste par sa morgue aristocratique, — lorsque tous les faits témoignent que **M.** Schœlcher s'est *parfaitement* mal tiré de sa mission abolitioniste. — Trouvez-moi donc, s'il vous plaît, de la justice, de l'égalité dans la prétention de cet *apôtre* de la liberté !

« Complétons ces explications par la lettre suivante, qui m'a été adressée par un de mes amis, dont l'opinion fait poids en matière de colonies :

« Paris, ce 16 septembre 1843.

« Mon cher Bissette,

« Avez-vous lu le *National* de ce jour ? N'importe, je vous l'envoie, car il contient une lettre de **M. V.** Schœlcher à votre adresse.

« Je n'ai pas besoin de vous demander ce que vous allez faire ; je connais vos instincts et je n'ai pas de conseils à vous donner. Mais si j'avais à vous communiquer mon avis, je vous dirais, mon ami, qu'à votre place je ne croirais pas devoir répondre à cette lettre ; parceque, d'abord, loin de vous réfuter, c'est un démenti très clair aux propres assertions que vous avez relevées de l'auteur, et qu'ensuite c'est une rétractation, une sorte d'amende honorable à laquelle on peut avoir égard.

« Une justice à rendre à **M. V.** Schœlcher, c'est qu'il s'était placé au rang des meilleurs amis des noirs et des mulâtres. Il avait acquis leur estime, ainsi que leur reconnaissance ; et, pour ma part, j'étais tellement imbu des mêmes sentiments que je ne citais son nom qu'avec orgueil. Mais voilà qu'il voyage aux colonies, pour mieux juger, dit-il, du système de l'esclavage qu'il abhorre ; et, au lieu de visiter les opprimés qu'il aime, s'enquérir auprès d'eux mêmes de leur triste position, il donne la main à leurs bourreaux, il s'assied à leur table, s'instruit à leur école, et s'identifie si bien à leurs traditions, à leurs doctrines, qu'il ne voit que par leurs yeux, n'entend que par leurs oreilles ; qu'il dédaigne et rejette les avertissements du *pauvre nègre qui veut lui prouver que le blancs le trompent,* lui **M.** Schœlcher ; et qu'enfin il revient en France tout bardé des arguments et des préjugés des colons, que, dans l'ouvrage qu'il publie, il va même jusqu'à défendre. Il va plus loin encore : il se fait un système de dénigrer la classe de couleur en général, de laquelle il se dit en même temps l'ami. — Il est peu de pages de ses derniers écrits qui n'en offrent le cachet. — Il ne se contente pas, pour dégrader cette classe, de s'attaquer aux vivants, il flétrit la mémoire des morts que nous honorons, et fait pour cela mentir l'histoire : témoin ce qu'il dit sur Ogé, Pétion, Magny, etc. Les documents historiques que vous m'avez communiqués, d'ailleurs, ont dissipé tous les doutes que je pouvais avoir sur le caractère des récits comme des intentions de M. Schœlcher à notre égard.

« Un tel changement dans la conduite d'un abolitioniste méritait une critique sévère ; vous l'avez entreprise, on ne peut, mon cher ami, que vous en applaudir. Votre réfutation du livre de cet écrivain est une bonne œuvre patriotique. En admettant qu'elle n'obtienne en définitive que cette rétractation qu'on vient de publier, ce résultat est considérable. Les nôtres ne pourront que vous en savoir gré, et moi particulièrement je vous prie d'en recevoir ici mes remerciements en même temps que mes félicitations.

« Tout à vous d'amitié,

« L. T. HOUAT,
« de l'île Bourbon. »

Voici maintenant une autre lettre qui m'a été également adressée par de jeunes amis et compatriotes auxquels M. Schœlcher fait allusion dans sa note :

« Paris, le 18 septembre 1843,

« Monsieur et cher compatriote,

« Vous avez dû lire comme nous, dans le *National* du 16 de ce mois, une note signée de M. Schœlcher en réponse à la réfutation que vous avez faite de son livre. Il y est dit entre autres choses : « Les mulâtres de bonne foi ont bien compris

« à la nature de mes attaques qu'elles étaient encore de là
« sympathie. Depuis comme avant la publication de mon livre,
« la plupart de ceux qui sont à Paris me font l'honneur de
« venir me voir. »

« Comme ces paroles peuvent s'adresser à nous, qui avons
été plusieurs fois visiter M. Schœlcher, nous éprouvons le
besoin de protester contre toute fausse interprétation qui
pourrait être donnée à notre démarche. Séduits par son caractère d'abolitioniste, par la lecture des journaux qui ont rendu
compte de son ouvrage et par le titre même de cet ouvrage :
Des Colonies françaises, abolition de l'esclavage, nous sommes
allés le voir avant d'en avoir pris connaissance. Depuis la lecture de ce livre nous sommes revenus de l'opinion que nous
nous étions formée sur ce travail; attendu que, loin d'avoir
justifié notre attente, il nous a semblé avoir été rédigé dans
un esprit tout à fait contraire aux véritables intérêts des noirs
et des mulâtres, ainsi que vous l'avez si bien démontré dans
votre réfutation. Au surplus, notre appréciation à ce sujet
est conforme à celle de nos compatiotes d'Haïti, ainsi que le
prouve le passage suivant d'une lettre que l'un de nous a reçue
de ce pays :

« En ce moment il est fortement question du second volume
« de M. Schœlcher. Je ne l'ai pas lu, je n'ai pas pu me le pro-
« curer. On dit que ce livre est fait pour répandre la division
« parmi nous; il veut nous séparer des noirs; il fait de nous une
« classe à part, une classe qui, au besoin, doit être sacrifiée (1)
« pour faire place à celle des noirs. Il tend à démontrer que les
« blancs sont et doivent être plus amis des noirs que nous. Voilà
« à peu près, à ce qu'on dit, les idées qui prédominent dans ce
« volume. Eh bien ! ces idées jointes au bruit que l'on fait circu-
« ler ici sur la colonisation d'Haïti par les Français, augmentent
« encore, au lieu de la diminuer, l'union qui existe entre les
« Haïtiens. Les patriotes noirs comprennent bien que tout
« cela n'est qu'un piége de la part des Français ; ils voient qu'on
« veut nous désunir pour chercher à s'emparer de notre pays ;
« ils n'en sont pas dupes. Et le volume de M. Schœlcher au lieu

(1) Les Haïtiens qui ont lu le livre de M. Schœlcher l'ont très bien
compris. Dans le premier volume *des Colonies françaises* l'auteur pro-
clame l'INUTILITÉ DES HOMMES DE COULEUR. Dans le second volume
sur Haïti, les mulâtres sont désignés par *la faction jaune*.　　C. A. B.

« de lui concilier l'affection des gens sensés d'Haïti le fait dé-
« tester de tout le monde.

« Il flatte les uns au détriment des autres, et ce dans l'in-
« tention de tout perdre. C'est là du moins le but qu'on a dé-
« couvert dans ce livre. Je ne veux pas en juger moi-même; je
« n'ai point lu l'ouvrage. Je ne puis croire qu'un homme qui
« se disait aussi philanthrope que M. Schœlcher puisse émettre
« de pareilles idées. Alors M. Schœlcher tendrait au même but
« que Cassagnac, seulement il emploierait une tout autre voie. »

« Voilà l'opinion des Haïtiens sur le livre de M. Schœlcher.

« Veuillez agréer, etc.

« J. B. IMBERT, *d'Haïti*, — M. IMBERT, *d'Haïti*, —S. REMY
MONDESIR, *de la Martinique*, —J. SAINTE-ROSE, *de Cayenne*. »

Si c'est là ce que M. Schœlcber prend pour des témoignages
élogieux, il faut convenir qu'il n'est pas difficile, et je lui en
fais bien mon compliment.

POST-SCRIPTUM

SUR LA NOTE DE M. V. SCHŒLCHER.

Dans la brochure en réponse à la note de M. Schœlcher, insérée dans le *National* du 16 septembre, ma position m'a fait un devoir de relever les inexactitudes de cet écrivain.

Parmi les passages que m'a inspirés mon zèle pour tout ce qui touche à la dignité et au rôle de la race à laquelle j'appartiens, il en est deux que M. Schœlcher a pris à offense personnelle. Comme il m'a toujours paru funeste de compromettre la cause de l'émancipation par des collisions entre les personnes qui s'y sont vouées, et qu'en outre je n'ai jamais conçu aucun doute de nature à porter atteinte à l'honneur de M. Schœlcher, mais seulement l'intention de redresser ses erreurs, je retire sans hésitation l'expression de *peu loyal* employée à son égard, comme contraire à ma pensée. Ce que j'ai voulu dire c'est qu'il y avait peu de générosité à me répondre comme il l'a fait.

Quant à la relation que j'ai donnée de l'entretien de M. Schœlcher avec M. Perrinelle, je me rappelais bien la tenir de M. Schœlcher lui-même, ce qui n'est pas contesté; mais M. Schœlcher ayant cru pouvoir inférer de la forme que j'ai donnée à ce récit, que mon intention était de faire penser qu'après avoir refusé les offres d'hospitalité de M. Perrinelle, parceque celui ci lui faisait une loi de ne pas voir les hommes de couleur, M. Schœlcher serait revenu sur ce refus, je ne fais aucune difficulté d'éclaircir ma narration en la complétant : si M. Schœlcher a fini par accepter l'offre de M. Perrinelle, c'est que celui-ci, obligé plus tard de modifier lui-même son insoutenable prétention, a reçu M. Schœlcher quoique celui-ci eût visité des hommes de couleur. (1)

(¹) En rectifiant ce passage de ma brochure, et en disant que M. Schœlcher a visité *des hommes de couleur*, je ne fais que constater un fait, puisque effectivement il est à ma connaissance qu'il a visité au Fort-Royal (Martinique), la famille de M. Fabien et la mienne, et qu'à Saint-Pierre, il a vu M. Pory Papy, homme de couleur, avocat.

Un dernier mot. — J'ai dit et j'ai écrit que j'estimais le caractère et la personne de M. Schœlcher; je le répète ici pour éviter tout soupçon d'injustice et d'animosité personnelle. Puisse cette franche déclaration contribuer à éclairer davantage M. Schœlcher sur le caractère d'une classe trop sévèrement traitée par lui, et le porter à embrasser non seulement dans un même intérêt, mais dans la même sympathie affectueuse les noirs et les mulâtres! Il m'a été impossible de ne pas voir avec plaisir que, dans sa lettre du 16 septembre au *National*, il fasse profession d'un sentiment également fraternel à l'égard des esclaves et des hommes de couleur, et je ne doute pas que ce sentiment ne doive le porter à regretter les expressions exagérées que nous avons été forcé de lui reprocher dans son jugement à l'égard des femmes de couleur. Les amis de l'égalité humaine sont trop peu nombreux pour se diviser, et ce n'est qu'en nous donnant tous la main que nous pourrons anéantir cet abominable fléau, dont M. Schœlcher ne souffre que dans son cœur, et dont nous souffrons nous, dans nos cœurs et dans nos corps, dans les nôtres et dans nous-même.

BISSETTE.

N. B. Je saisis cette occasion pour donner un dernier avis, mais charitable, à un ci-devant magistrat *chassé* d'une de nos colonies; — on sait pourquoi, — lequel, à l'occasion de ma réfutation du livre de M. Schœlcher, s'était permis sur mon compte des propos d'une nature tellement outrageante que je fus obligé de lui donner une sévère leçon en présence de témoins, lui enjoignant d'être plus circonspect à l'avenir, et de ne se permettre l'invective qu'avec ses pareils. Ce *quidam* s'étayait, disait-il, de lettres de M. Schœlcher pour répandre ses outrages; — il mentait, ainsi qu'il a été forcé de l'avouer. — Il s'abritait également derrière le nom d'un honorable personnage, connu par les services qu'il a rendus à la cause abolitioniste, et envers lequel d'anciens souvenirs commandent et mon respect et ma reconnaissance. J'ai bien fait comprendre que ce pavillon ne couvre pas pour moi toutes les m rchandises; et qu'en conséquence le magistrat *chassé*, avait, ou a changer de conduite à mon égard, s'il ne voulait être sévèrement châtié, ou à continuer à ses risques et périls ses odieux mensonges. Il avait paru comprendre ce dilemme, et il avait promis de s'amender; mais voilà qu'à l'occasion de ma dernière brochure, cet intrigant se remue, se met en campagne, et reco mmence de plus belle, colportant des lettres écrites des colonies qu'il prétend lui avoir été adressées par des hommes de couleur. lesquelles seraient, dit-il, la réfutation des opinions que j'ai émises dans la défense de mes compatriotes attaqués. Je sais que c'est encore un mensonge, et que ces lettres, adressées non pas à l'individu en question, mais au personnage honorable auquel j'ai fait allusion plus haut, témoignent du contraire. Il y a mieux : d'autres personnes à Paris, à qui on a donné connaissance de ces lettres, ont été priées de ne pas me faire connaître l'opinion de ceux qui les écrivent, parcequ'elles sont dans le sens de mes écrits. Tout ceci est très peu important et m'occupe fort peu ; mais voici ce qui m'oblige à écrire ces lignes.

Le magistrat chassé, dont il est ici question, répand et cherche à accréditer, jusque parmi mes amis, que j'ai signé, du nom d'une personne absente la lettre qui m'a été adressée par mes jeunes compatriotes habitant Paris; lettre publiée dans ma dernière brochure. Il prétend que M. S. Remy Mondesir, l'un des signataires de cette lettre, est à la Martinique ; *qu'il a pris tous les renseignements pour s'en assurer*, et que, pourtant, j'ai mis le nom de Symphor Remy Mondesir au bas d'une lettre écrite à Paris Ce qui suppose que j'ai fait un faux. — Cette accusation est digne du magistrat oublieux de son honneur et de ses devoirs, qui s'est fait chasser des colonies pour tout autre motif que celui qu'il allègue, et vient ici se poser en martyr des préjugés coloniaux — A d'autres.

La vérité sur le fait de cette lettre est que les Remy Mondesir sont trois frères : l'aîné, doct ur-médecin, est à la Martiniq e depuis bientôt un an ; les deux autres frères sont à Paris, et c'est l'un de ceux-ci qui a signé avec ses amis la lettre en question, déclarant avoir fait visite à M. Schœlcher, en compagnie de MM. Imbert frères, d'Haïti, et de M. Sainte-Rose de

Cayenne. Le magistrat chassé devait d'autant moins ignorer la présence à Paris de M. S. Remy Mondesir, que celui-ci était présent à la verte leçon que je lui ai donnée tout récemment.

Je suis pleinement convaincu que, quels que puissent être mes différends avec M. Schœlcher, et ses ressentiments, s'il peut en conserver contre le critique, son réfutateur loyal, il réprouve les moyens honteux employés par cet individu pour le défendre contre ma censure ; et que ce n'est pas avec de telles armes qu'il voudrait jamais, lui M. Schœlcher, me combattre, ni moi, ni un adversaire quelconque.

Je ne sais si le personnage honorable dont j'ai parlé plus haut, continue à prêter l'appui de son nom à l'individu en question qui me diffame. Dans ce cas, ce serait un malheur, comme je l'ai dit et écrit confidentiellement, pour la cause abolitioniste, car on me placerait dans la pénible nécessité de mettre le public et nos adversaires dans la confidence de nos démêlés.

Quant à moi, je déclare ici que ce n'est pas seulement pour me défendre contre de méprisables propos que j'écris ces lignes, mais pour éclairer sur le compte d'un homme indigne de foi les honorables abolitionistes dont cet homme a surpris la confiance.

BISSETTE.

PARIS, IMPRIMERIE DE POUSSIELGUE,
rue du Croissant, 12.